Mi casa
en la ciudad

Sharon Gordon

Marshall Cavendish
Benchmark
Nueva York

¡Píiii! ¡Píiii!

Bienvenidos a la ciudad.

Las calles están llenas
de carros.

Las aceras están llenas
de gente.

Los edificios de la ciudad están juntos.

Los más altos se llaman *rascacielos*.

La gente trabaja en algunos edificios y vive en otros.

Mi edificio tiene muchos pisos.

¡Yo subo a mi casa en ascensor!

Los pájaros hacen nidos
en el techo.

La gente también hace
jardines ahí.

Esta es mi escuela.

Queda cerca de mi casa.

Voy a jugar al parque.

¡Está lleno de gente!

Mucha gente viene
a mi ciudad.

Visitan los sitios
importantes.

Vienen a comer y a hacer compras.

Los autobuses los llevan por toda la ciudad.

Los trenes del *metro* van veloces bajo las calles.

Hace calor en los subterráneos.

En la superficie, hay *taxis* amarillos ¡por todas partes!

Uno me lleva al aeropuerto.

Los aviones traen gente de todas partes del mundo.

¡Algunos vienen a la ciudad a verme!

La casa de la ciudad

taxis

ascensor

jardín

parque

rascacielos

metro

Palabras avanzadas

ascensor Un cuarto pequeño que lleva gente y objetos arriba y abajo en un edificio.

metro Una vía férrea que va bajo tierra en una ciudad.

rascacielos Los edificios más altos de una ciudad.

taxis Carros o microbuses que por una tarifa llevan a la gente de sitio en sitio.

Índice

Las páginas indicadas con números en **negrita** tienen ilustraciones.